CATALOGUE

D'OBJETS

DE LA CHINE & DU JAPON

Émaux cloisonnés, Jades, Bronzes,
Cristaux de roche, Porcelaines anciennes,
Laques & Objets divers;

DONT LA VENTE AUX ENCHÈRES PUBLIQUES AURA LIEU

HOTEL DES VENTES

RUE DROUOT, SALLE N° 5

Le Lundi 21 Janvier 1867

A DEUX HEURES

Par le ministère de Mᶜ **CHARLES PILLET**, Commissaire-Priseur,
rue de Choiseul, 11,

Assisté de M. **FEBVRE**, Expert, rue Laffitte, 12,

CHEZ LESQUELS SE DÉLIVRE LE CATALOGUE.

EXPOSITION PUBLIQUE

Le Dimanche 20 Janvier 1867, de 1 heure à 5 heures

PARIS

RENOU & MAULDE

IMPRIMEURS DE LA COMPAGNIE DES COMMISSAIRES-PRISEURS
Rue de Rivoli, 144

1867

CONDITIONS DE LA VENTE

Elle sera faite au comptant.

Les Adjudicataires paieront CINQ pour CENT en sus des enchères, applicables aux frais.

L'Exposition mettant les Acquéreurs à même de se rendre compte de l'état des Objets, il ne sera reçu aucune réclamation après l'adjudication prononcée.

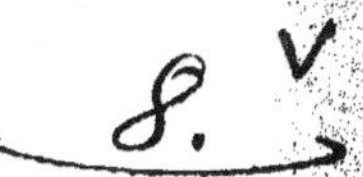

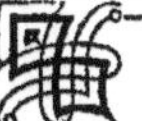

CATALOGUE

D'OBJETS

DE LA CHINE & DU JAPON

**Émaux cloisonnés, Jades, Bronzes,
Cristaux de roche, Porcelaines anciennes,
Laques & Objets divers;**

DONT LA VENTE AUX ENCHÈRES PUBLIQUES AURA LIEU

HOTEL DES VENTES

RUE DROUOT, SALLE N° 5

Le Lundi 21 Janvier 1867

A DEUX HEURES

Par le ministère de Mᵉ **CHARLES PILLET**, Commissaire-Priseur,
rue de Choiseul, 11,
Assisté de M. **FEBVRE**, Expert, rue Laffitte, 12,
CHEZ LESQUELS SE DÉLIVRE LE CATALOGUE.

EXPOSITION PUBLIQUE

Le Dimanche 20 Janvier 1867, de 1 heure à 5 heures.

PARIS

RENOU & MAULDE

IMPRIMEURS DE LA COMPAGNIE DES COMMISSAIRES-PRISEURS
Rue de Rivoli, 144

—

1867

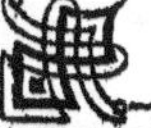

Mr Stitzer

Mr Stitzer

DÉSIGNATION

DES OBJETS

Émaux cloisonnés.

1 — Grand Vase à panse renflée, entouré de cinq frises offrant des œillets de tons divers sur fond turquoise (ancienne fabrication).

2 — Grande Bouteille à grosse panse, fond parsemé d'œillets de couleurs variées sur bleu turquoise.

3 — Grand Plateau de narguilhé en émail cloisonné du ssé-tchuen, l'intérieur avec phénix entouré de fleurs, le tout en émaux de couleur, sur bleu marbré.

4 — Grande Coupe ronde de forme basse. Cette pièce richement décorée offre à l'intérieur des animaux chimériques et des oiseaux sur des branchages; à l'extérieur frise de fleurs et dessous contre-émaillé,

5 — Jardinière de forme évasée, le tour et l'intérieur sont ornés de frises de fleurs de tons variés sur fond turquoise.

6 — Entourage d'une glace formé en haut par un cadre à plates-bandes contournées; le bas avec manche relié par des rinceaux à jour en bronze doré. Cette pièce est décorée de fleurs émaillées sur fond bleu.

7 — Petit Vase sur pied carré; le tour du vase avec décor de marguerite sur bleu turquoise.

8 — Boîte plate de forme carrée, ayant à l'intérieur quatre compartiments. Cette pièce est décorée de fleurs en couleur sur émail bleu turquoise.

9 — Cornet de forme évasée, en cuivre émaillé, fabrique de Hou-Chow, riche décor de fleurs et de palmettes en couleur sur fond turquoise.

10 — Deux petits Plateaux ornés de fleurs sur fond vert d'eau et turquoise.

11 — Tasse de forme évasée, l'extérieur avec large frise gros bleu et fleurs diverses.

12 — Deux petits Plateaux ornés de fleurs sur fonds verts et blancs.

13 — Petit Flacon à parfum ayant la forme d'une gourde, le haut fond vert, le bas fond turquoise à semis de fleurs.

14 — Deux petits Plateaux ronds ornés de frises, de rosaces et de fleurs sur bleu turquoise.

15 — Petite Boîte ronde avec couvercle décoré de rinceaux en émaux de couleurs sur fond vert d'eau.

16 — Plateau à ombilic et petite tasse. Ces deux pièces ornées de fleurs sur frises blanches et turquoises.

17 — Boîte ronde à couvercle en cuivre émaillé, fond gros bleu avec bouquets de fleurs.

Jades.

18 — Vase en jade blanc à panse aplatie ; sur chaque face des frises d'entrelacs entourant des médaillons de paysages.

19 — Petit Vase forme balustre, la panse avec rinceaux gravés; le haut avec collier sculpté en relief; dragon au milieu de vagues.

20 — Petite Coupe ronde, le tour orné de paysages; anses à jour à têtes de léopards.

21 — Petite Bouteille à long col, la panse aplatie est décorée d'une frise en relief.

22 — Petit Vase de forme ronde, la ceinture ornée d'une grecque et de deux torsades en relief; pieds formés par deux têtes d'animaux.

23 — Deux petites Tasses en jade vert moucheté translucide.

24 — Petite Boîte ronde, le couvercle orné de deux papillons gravés.

25 — Tasse ronde avec anse à jour, prises dans la masse.

26 — Petite Coupe ronde ornée à l'extérieur de rangées de clous; anses à tête de lions.

27 — Petite Coupe en agate ayant la forme d'une moitié de courge; anses avec fleurs en relief; le dessous orné de fleurs et de papillons gravés.

Cristaux de Roche.

28 — Petit Vase avec fleurs gravées, anses à sceptre et à jour.

29 — Petite Coupe ayant la forme d'une feuille de pêcher.

30 — Boîte à couvercle de forme carrée, l'intérieur évidé en retrait, le couvercle avec fleurs gravées.

31 — Coupe de forme ronde avec deux anses en ronde-bosse formées par des tigres.

32 — Figurine de Mandarin debout; il porte une longue barbe.

33 — Animal chimérique debout sur un socle rectangulaire attenant.

34 — Figurine de Mandarin assis, petit socle en bois très-finement sculpté.

35 — Petite Coupe à une anse décorée en gravure de fleurs de marguerite.

36 — Buffle accroupi, presse-papier.

Bronzes.

37 — Deux beaux et grands Vases en bronze du Japon; le haut offre une coupe, le milieu une partie hexagonale, reposant sur un socle rond, anses à dragons. Ces pièces très-richement damasquinées d'argent, losanges, papillons et fleurs.

38 — Grande Bouteille à long col, entouré de deux salamandres combattant.

39 — Ting à anses élevées et quatre pieds mouvementés, décoré de frises, de médaillons et de parties cloutées.

40 — Brûle-parfums offrant une Chimère tenant dans ses griffes un serpent dont la tête forme couvercle.

41 — Ting sur quatre pieds formant colonnes, orné de dix médaillons offrant des caractères chinois.

42 — Coupe en bronze; au centre un dragon dans des nuages; au revers le cartouche des Myngs entouré de deux dragons.

43 — Coupe ayant la forme d'une feuille de nénuphar entourée de ses fleurs et boutons.

44 — Bronze doré. — La déesse Kouan-Yin assise sur une feuille de lotus.

45 — Brazero avec couvercle ayant au centre des caractères chinois à jour. Cette pièce, partie bronze et partie bronze doré, est ornée de quatre frises ornementées ; très-ancienne fabrication.

46 — Brûle-parfums de forme ronde, très-beau de patine; anses à jour avec branches et fleurs de pêcher.

Porcelaines.

47 — Deux Vases cylindriques, ornés en émaux de couleurs de grands personnages chinois, scènes familières.

48 — Vase fond bleu turquoise, très-finement craquelé ; anses à mufles de lions.

49 — Bouteille à long col autour duquel est une salamandre en relief; plus bas, en noir et rouge sur fond blanc, des dragons dans des vagues.

50 — Deux Jardinières à quatre pans, sur chaque face des dragons dans des vagues; fond blanc.

51 — Vase à panse renflée, décor imitant le stuc ; anses en biscuit brun, têtes de lions.

52 — Grande Bouteille en porcelaine flamme de punch.
elle offre cinq goulots, celui du milieu dominant.

53 — Deux grandes Bouteilles, dites gargoulettes ; les panses et les cols ornés d'accessoires en émaux de couleurs sur fond blanc.

54 — Deux grands Vases fond rose avec gravure : d'un côté, deux enfants chinois en émaux de couleurs, de l'autre, un bouquet de fleurs.

55 — Deux Vases de la Chine, forme balustre, décor bleu avec personnages chinois dans des paysages.

56 — Coupe à piédouche, décorée en vert émaillé d'un combat de dragons.

57 — Vase cylindrique ; autour de la panse en émaux de couleurs sont des personnages chinois en voyage. (Rare comme sujet.)

58 — Vase balustre à quatre pans, orné de six frises, de grecques et autres ornements en bleu lavé ; anses à trompes d'éléphant.

59 — Jardinière de forme contournée, décor bleu soufflé.

60 — Petite Jardinière hexagone, fond céladoné et craquelé, décorée en bleu d'animaux chimériques.

61 — Deux Vases à fleurs à quatre pans, décorés de fleurs et de personnages, émaillés sur fond vert d'eau.

62 — Vase de forme ovoïde, fond rose, avec décor de fleurs émaillées en couleur.

63 — Bouteille en porcelaine céladonée et craquelée, décorée en couleur d'un pêcher et de ses fleurs.

64 — Deux Vases, dits Pitongs, décor fond jaune avec feuillages et animaux en couleur.

65 — Coupe à bords contournés, parfaite imitation d'un marbre précieux.

66 — Deux Vases cylindriques, riche décor de fleurs et d'oiseaux en émaux de couleurs.

67 — Vase fond blanc, décor en rouge de cuivre et bleu d'un paysage avec figures.

68 — Deux Bouteilles à longs cols, fond rouge jaspé de jaune.

69 — Jardinière cylindrique, fond rouge moucheté de bleu.

70 — Deux Vases à panses renflées, décorés de feuillages bleus et de fleurs blanches en relief, sur fond céladoné.

71 — Jardinière en porcelaine, fond chamois craquelé, anses à trompes d'éléphants.

72 — Porte-bouquets à trois ouvertures, en terre émaillée, ayant la forme de fruits assemblés.

73 — Vase fond chamois craquelé, décor bleu de paysage et de figures en relief.

74 — Cippe en porcelaine émaillée, décoré de figures dans un paysage.

75 — Deux petites Bouteilles; autour des cols, des dragons; sur les panses, des personnages chinois.

76 — Plateau, fond bleu, turquoise d'un ton très-fin.

77 — Petite bouteille, fond bleu turquoise craquelé.

78 — Deux petits bols à couvercles en porcelaine craquelée, décorés de feuille de bambou en bleu-lapis.

79 — Deux vases cylindriques, décorés de sujets de chasse,
en émaux de couleur, sur fond blanc.

80 — Bouteille décorée, en émaux de couleurs, de deux
pélicans entourés de fleurs sur fond blanc.

81 — Deux coupes, fond bleu turquoise.

82 — Vase cylindrique en porcelaine céladonée et craquelée,
décor bleu et blanc représentant des personnages chinois.

83 — Jardinière cylindrique, décor de paysage en émaux
bleus sur fond blanc.

84 — Vase, forme balustre, fond blanc, avec décor de personnages chinois dans un paysage.

85 — Deux petites bouteilles, fond rouge flambé.

86 — Vase cylindrique, décoré de personnages chinois, en
émaux de couleurs.

87 — Petit vase très-curieux en terre émaillée, rappelant
les émaux de Palissy et d'Avignon.

88 — Vase à quatre pans, à imbrications saillantes, sous
émail bleu turquoise, craquelé.

89 — Boîte à couvercle, ornée de fleurs et d'oiseaux en
émaux de couleur.

90 — Vase en terre émaillée, orné de branchages en relief,
sous émail.

91 — Petit vase à panse lobée, le col avec pampres en
relief et rongeur.

92 — Bufle portant son cornac, formant brûle-parfum,
(pièce de terre cuite, brune, terrasse émaillée).

Laques.

93 — Petit meuble-étagère, quart-de-rond en laque aventuriné, le bas avec tiroirs, le centre avec galeries et plateau; le dessus avec plateau décoré de bambous et d'oiseaux aquatiques, sur fond noir aventuriné.

94 — Petit brazero, fumoir en laque noir, décoré en or de marguerites et d'insectes; il est muni de ses accessoires.

95 — Boîte plate, carrée; le couvercle décoré de chauves-souris et de lozanges en or, sur fond aventuriné.

96 — Très-belle trousse de médecin, à plusieurs compartiments, décorée en or, à deux tons de grues en relief, sur fond or bruni.

97 — Boîte ronde à couvercle, décorée autour et sur le couvercle de paysages maritimes.

98 — Charmante petite trousse de médecin, à plusieurs compartiments, décorée en relief de paysages en or de couleur, sur or bruni.

99 — Petite boîte ronde en ivoire laqué or; sur le couvercle, un faisan et des branchages; autour, des oiseaux voltigeant dans un paysage.

100 — Boîte de forme octogone, en laque rouge du Japon; ornée, en relief, de fleurs, de grecques et de paysage, avec figurines.

101 — Boîte rectangulaire en laque noir; le couvercle orné d'un paysage en relief, en nacre et pierres de couleurs.

102 — Quatre petits plateaux en laque noir burgauté.

103 — Petite boîte ronde à couvercle en laque rouge de Pékin, décorée en relief, de grecques et de courges.

104 — Boîte hexagone en laque noir, décorée sur toutes ses parties de fleurs et de branchages chatoyants.

Objets divers.

105 — Très-belle boîte de forme octogone en bois naturel incrusté de burgau sur toutes les faces, offrant des frises, des fleurs et des insectes.

106 — Surtout de table en bois de fer naturel; à l'intérieur, neuf plateaux mobiles, ornés d'accessoires, de fruits et de fleurs en burgau incrusté.

107 — Petit écran en bois de fer, entouré d'une frise sculptée à jour. Le centre décoré en relief d'ornements et de meubles chinois en burgau chatoyant.

108 — Petit plateau à cartes de visite en bois de fer naturel décoré de fleurs et d'ornements en burgau incrusté.

109 — Deux autres plateaux à peu près semblables au précédent, mais un peu plus petits.

110 — Petit cornet en ivoire sculpté à jour, le tour avec paysages et personnages en relief.

RENOU et MAULDE, Imprimeurs de la Compagnie des Commissaires-Priseurs, rue de Rivoli, 144.